AF234571

Roberto Lumbreras

VERSOS REVELADOS

Albert editor

Roberto Lumbreras
VERSOS REVELADOS

Texto
> © Roberto Lumbreras Blanco

Cubierta y cuidado editorial
> Albert editor
> www.albert-editor.com

Depósito legal
> M-11412-2024

ISBN
> 978-84-128607-2-6

Impresión
> imprimelibros.com

Agradecimientos

Quiero agradecer a la editorial Torre de Lis su autorización para utilizar en este libro los poemas publicados en las obras que se reseñan al pie de los mismos.

Asimismo, vaya mi agradecimiento a los actores y locutores que han dado voz y vida desinteresadamente a estos poemas en los archivos sonoros que encontrará el lector difundidos por Internet.

Y, por supuesto, quede patente mi agradecimiento especial a mi amigo y editor Juan Carlos Albert, que ha tenido el interés y el desinterés de editar este género ruinoso pero edificante que es la Poesía.

R. L.

a Ana Socorro

"Si amas, sufres. Si no amas, enfermas"

Sigmund Freud

AÚN LO LLAMAN AMOR

Aún lo llaman amor y aún es un misterio.
No se sabe si brota en primavera
o los parques de otoño lo propician;
si surge de emular a nuestros padres
o es dulce porque el otro es tan distinto;
si es obra de un perfume tal hechizo
o de una idea que nos trae la brisa.

Aún lo llaman amor, y todavía es mágico.
No se sabe muy bien si es fruto, acaso,
de un buen "cruce de piernas"
o de estar bien plantado, manos en los bolsillos.
No se sabe si todo se decide
con el muestrario corporal del baile
o con un pensamiento compartido.

Aún lo llaman amor

y no está claro qué cosa lo despierta:

si una oratoria sexy que apabulla

o el silencio de la devota escucha;

no se sabe qué lo desencadena:

si el calor y el desnudo del Caribe

o un paseo con lluvia por Montmartre;

no se sabe qué evento es el certero:

si un bolero en karaoke bien cantado

o el cine mudo de unos ojazos negros.

Aún lo llaman amor

y poco sabe de él la Matemática:

apenas que el amor es la primera causa

del absentismo en universidades

y la renuncia al veraneo con los padres

para estar cada amado con su amante.

Y se estima que el amor está detrás

de muchas vocaciones,

como aprender idiomas o la de hacerse monje;
y es la primera causa de la compra de pisos
y del creciente parque móvil de triciclos.

Aún lo llaman amor y es inefable,
aunque algunos lo escriban, tinta y sangre;
es delicado, pero siempre sale indemne;
No sabemos aún en qué consiste,
ni siquiera que sea algo consistente,
porque, cuando el amor está, todo es prodigio,
ya no hay tiempo y no hay mundo: sólo el otro,
y un "sí" abre la puerta acorazada,
y un beso mezcla el fuego con el agua,
y la felicidad, extrañamente,
puede manifestarse con dos lágrimas.

Aún lo llaman amor… y aún es un misterio,
con repentes de antojo y suspenses de juego,
con los vaivenes y altibajos de los vuelos,

con los quizás y nosequés que nos abruman,

con gozos desatados, salpicados de dudas.

Que no le quiten nunca al amor ese misterio.

No digan que consiste en "magnetismo de
   opuestos".

No llamen al abrazo "cuadratura del seno",

ni al beso "una correspondencia biunívoca de
   bocas".

No afirmen que los sabios no pueden ser
   románticos.

No pongan en la luna anuncios luminosos.

Y la palabra "amor" no esté en los diccionarios.

MINISTRA CON JARDÍN AL FONDO

Yo,

la excelentísima ministra,

jurista por tradición de familia,

notaria por orgullo de madre,

política por consejo de padre,

designada por el Partido,

elegida por el Pueblo,

CONFIESO:

Que quiero, en realidad, ser jardinera.

Que siempre, desde niña, quise serlo.

Que añoro aquel Edén que se perdiera,

y la feliz Arcadia de idilios y de versos.

Que sueño con los jardines de Versalles,

y ese jardín inglés de suaves lomas y praderas,

con la fragancia de verdores rezumantes

y la frescura de relentes matinales

con que el jardín premia a la jardinera.

Muero por ser la cuidadora de ese vergel

que colma el alma y regala los sentidos.

Lo quiero con el ansia y el apremio

de mi respiración, de mis latidos,

de mi sed y de mi sueño.

Yo,

la excelentísima ministra,

confieso que, desde mi despacho,

observo con envidia al jardinero del palacio.

Confieso haberme estremecido en medio de una junta

al oír brotar afuera el agua de los surtidores,

como si fuese yo la flor que recibiera ese rocío.

Confieso que quisiera preguntar al jardinero

cuándo se ha de plantar el crisantemo,

en qué días florecen los narcisos,

o si la nieve pudiera ser mortal para la orquídea.

Confieso,

que envidio al jardinero cuando silba,

cuando esculpe los bojes,

cuando huele las flores como si las besara;

cuando plantó aquel día los tulipanes alineados,

que han florecido justo esta mañana,

tan pulcros y amarillos,

revelando un bello nombre de mujer:

A N A.

Confieso que hoy, después de la reunión,

no he podido evitarlo y he llorado.

He llorado por los sublimes tulipanes.

He llorado por no llamarme Ana.

Y, sobre todo, he llorado

por ser la excelentísima ministra

y no la jardinera del palacio.

Yo,

la excelentísima ministra,

he de fundamentar esta comparecencia

en que es injusto y triste

que un jardín ofrezca en vano su belleza;

que la violeta pase, en su modestia, inadvertida;

que cante el ruiseñor sin que alguien calle para
    ponderarlo;

que nadie se conmueva ante la Venus del ninfeo

o ante el Apolo que reina en su templete, tan ufano;

que se tenga a ese columpio de lianas muerto en vida

envuelto en el sudario de las telarañas;

o a la discreta fuente del cenador no se le aprecie

la cristalina vida que, a cada instante, nos regala.

Yo,

la excelentísima ministra,

confieso,

que quiero ir al encuentro

de ese jardín amable que aún me está esperando.

Que no me importa ser la jardinera de adopción

de ese jardín selvático y dejado de cuidados,

pues sé que con mi amor de regadíos y podados,

lo sacaría adelante y, hermoso, luciría

ese verdor de terciopelo con que Watteau lo pintaría.

Yo quiero ir al encuentro de ese jardín galante,

de sus inocuos laberintos,

de sus caleidoscópicos parterres,

las falsas ruinas que le dan empaque,

el lago de nenúfares que, ingenuos, se creen cisnes,

la noria donde el agua se cita con el aire,

la rosa y su rubor de rasos perfumados,

y la arboleda en cuyas ramas suenan vivos los
    Stradivarius.

Yo quiero ir al encuentro de ese jardín soñado

con bustos de poeta en pose grave,

y patos de cómicos zapatos y voz de saxo

que atraen los niños con su pan en los estanques.

Ese jardín con bancos apartados bajo los tilos y
    castaños,

o, más discretos, en los grutescos pabellones,

donde los novios a quererse se abandonan

y hacen injerto con sus savias y sus roces.

Yo,

la excelentísima ministra,

sueño que soy emperadora en mis jardines

y paso el puente chino meditando

si las carpas quieren hablarme con sus saltos

o es más bien el plenilunio quien las alborota.

Sueño que soy Armida en mi jardín de magia

y almuerzo compartiendo el pan con los gorriones,

que a mi lado, piando, me demandan.

Sueño que soy amiga de la diosa Flora,

y que si la faena en el estío me acalora,

nado desnuda con Neptuno y los tritones.

Sueño que con susurros la fuente me amodorra,

y echo la siesta bajo el dosel del sauce,

y me despierta el canto de la alondra.

Yo,

la excelentísima ministra,

no quiero ya vestir de alta costura,

sino como demanda la campiña,

para moverme entre las zarzas y espesuras.

Sueño dejar mis serios guardaespaldas

y jugar con mis lebreles de alegría.

Sueño el día sin protocolo ni etiqueta,

para cantar en mis labores sin dispensa;

para beber un trago de mi cantimplora

y secar mi boca con la mano sin vergüenza;

Para probar, antojadiza, una frambuesa,

aunque su dulce sangre mi camisa hiera;

para correr, de pronto, persiguiendo un molinillo,

o pararme a contemplar el acotado paraíso
en el momento que mi espíritu requiera.

Yo,
la excelentísima ministra,
quiero ver cuando el sol repinta al mediodía
con sus impresionismos y barnices;
y la luna hace equilibrios imposibles
sobre el espejo roto de su lago.
Quiero oír la brisa cortejando
las hojas de los chopos.
Quiero oler el invernal incienso
de yescas y rastrojos.

Yo,
la excelentísima ministra,
por todo lo que he expuesto más arriba,

visto el informe vinculante de mi anhelo,

resuelvo presentar mi dimisión,

y en consecuencia,

pongo a disposición de ese Gobierno

mi cargo y mi cartera,

mi tratamiento,

mi sello con su lacre,

mi auto blindado con acero sueco,

Ítem más:

y el chaleco antibalas camuflado con encaje

hecho en París a la medida de mi talle.

Yo,

la excelentísima ministra,

Dejo mi vida secuestrada de autopista

y su trajín de ruedas y tacones,

para pisar la tierra calzando deportivas

y vestir ajustados pantalones;

Dejo mi agenda sin hueco para un beso

para seguir lo que me apele y me enamore;

dejo el brindis de un sorbo para un fotograma

por reírme con Baco en una noche larga.

Yo,

La excelentísima ministra,

voy al encuentro de mi jardín, y de mí misma.

Quiero pasear serena por su senda, y hallar así la mía.

Allí, en donde todo es verdadero, sencillo y sin postura.

Y, en su silencio, recordar la lengua que hablaba yo de
niña:

sentir de nuevo que es un juego mi trabajo;

andar sin miedo al sol, al barro o a la lluvia;

volar de una carrera, pero no vivir con prisa;

dormir sabiendo, únicamente, que mañana habrá otro
día.

Yo,

la excelentísima ministra,

voy al encuentro del jardín soñado,

donde la vida, sin más evento, se sucede.

A la región en donde aún se puede ver el horizonte

y el sol ama a la tierra en cada ocaso.

Allí, donde se puede renacer si antes morimos,

donde se obtiene todo si desnudos vamos.

Voy al lugar donde olvidar lo malo que aprendimos,

al lugar donde aprender lo bueno que olvidamos.

HABLARTE A TI, MUJER

Hablarte a ti, mujer, si quiero enamorarte,

tiene el escalofrío del azar

y el vértigo del miedo

de ganarte

o en un tris perderte toda,

a cara o cruz,

a vida o muerte,

sin red,

sin comodín,

sin boca a boca,

sin nada que me salve.

Un sí o un no salido de tus labios

(o de tus ojos, si es que me mintieses)

puede enviarme a la gloria

o mandarme al infierno.

Una palabra zafia
o demasiado blanda,
un prometérmelas felices
o bien un titubeo,
y entonces te darás la media vuelta
clausurando los juegos,
sin accésits que valgan
de "quedar como amigos"
ni demás zarandajas.

No existe manual ni preceptiva,
ni Virgen santa a quien encomendarse.
El *quid* pudiera estar
en la intuición,
en el olfato psicológico;
o en tontas contingencias:
como que el que la sigue la consigue,
más vale caer en gracia que tenerla,
el pasar por ahí en el momento justo,
o el plus de encanto que tiene el forastero.

Antes de hablar contigo para enamorarte,

sin ensayo posible y sin segundas tomas,

quiero saber qué tipo de mujer voy a encontrarme:

si una arisca Artemisa,

una dulce Afrodita,

o de ambas tienes.

Algo me dice que estás hecha

a prueba de presciencia,

que usas la inconsistencia de las paradojas

para dar esquinazo a los pelmazos;

que tu naturaleza ubicua de ser quántico

burla a donjuanes francotiradores;

que con tus dunas de silencio

juegas al despiste y, despistando,

disfrutas dando un corte al mujerólogo;

que con los espejismos de tus ojos

creas oasis de esperanza falsa

donde muere el sediento de tu carne;

que con el maquillaje disimulas

tu inteligencia y tu sabiduría,

y dejas en *outside* al rapidillo;

que al cerebral que fía todo a su estrategia

le das el jaque mate

con caballos alados de emociones.

Quisiera conocerte para hablarte,

cuando el orden dispuesto es el contrario.

¿Cómo abordarte?

¿Cuál debe ser el movimiento,

el tema,

la mirada,

la intensidad,

la hora,

el vocativo?

¿Cuánto de silogismo,

cuánto de sortilegio?

¿Cuándo el chiste

y cuándo la sentencia?

¿Serán voces precisas

o caben jitanjáforas

para romper el hielo

que protege tu fuego?

De pronto, iluminado,

hallo una veta buena,

y me digo, seguro:

"Si vas a hablar a una mujer compleja

prueba a hacerlo del modo que tocases

un piano,

melódico y armónico,

tan suave como enérgico,

con tantas notas como sus humores,

dándole de lo uno y de lo otro,

al tiempo y a dos manos.

Por ejemplo:

dile algo tan hermoso y a medida,

que le haga sentirse única,

y ya sabrá que el trovador no es menos;

proponle un plan sencillo, un lunes ordinario,

que guarde una sorpresa de locura;

susúrrale al oído algo divino

con un deje animal que la estremezca;

hazle reír hasta la lágrima,

y si te pierde,

no pueda con el tedio de sus días,

y te busque.

Si esa mujer espera a que le hable,

tendré que hacerlo con dulzura

y a la vez con aplomo;

decirle algo atrevido sin perder el estilo;

algo ingenioso con el *touché* del epigrama

y la caricia de una dedicatoria;

que mi entrada resulte convincente

y en la misma medida seductora.

Y se me ocurre,

me la juego,

allá voy,

y le hablo de esta forma:

—Disculpa: juraría que nos hemos besado antes.

Y me dice:

—En esta vida al menos, perdona que lo dude.

Y le insisto:

—Ah, claro, ya caí: fue en otra vida

Y me objeta:

—Pues si ya lo vivimos, ¿a qué segundas partes?

Y concluyo:

—Para darte de nuevo el primer beso.

N. de A.:

Poema perteneciente a la novela *Veinte años*.
Torre de Lis, 2021.
ISBN: 978-84-122970-7-2.

FUSIÓN

Tú y yo:

Únicas piezas de un puzle apasionante.

El final ya se sabe: el premio es la demora.

Las miradas de ambos,

dulcemente ofensivas;

los labios que se abren con recíprocas hambres;

las bocas se hacen agua, y no sólo las bocas.

Y el opaco antifaz con dos ojos ocultos,

"¡hale-hoop!" se retira

con el trémulo guiño de los frutos duales,

cornucopias de gozos,

panes de vino henchidos,

besaderos que calman,

dilema que enloquece.

Las piernas ahora abrazan.
Las manos son dos ojos.
La vista tiene el habla.

Y el miembro,
antes mínimo y quieto en el letargo,
encorvado en su nido de ofidio recogido,
ahora despertando,
creciendo,
endureciendo,
puliéndose en ternuras,
irguiendo su cabeza deíctica de hisopo.
Y el silencio tan denso
de pálpitos y ahogos,
de rubor y osadías,
de caricias y tactos
de susurros y roces,
de asimientos avaros.
de bocas desbocadas,

de besos que moldean,

de pellizcos que esculpen,

de dientes que cosechan,

de arpegios con las uñas,

de mordiscos que beben los jugos inefables

de salivas y alientos

y sudores y flujos;

de lenguas que recorren caracolas de orejas,

caracolas de ombligos,

caracolas clitóreas…

…Y el manantial fluyendo en la gruta marina,

oculta tras las algas y corales rosados,

Y el pozo de codicias comienza a prospectarse.

La tierra se abre al hierro

y él mismo se convierte en concéntrico pozo.

El acople es perfecto,

 y perfora y perfora,

suavemente sondando.

Y llega con su punta coaxial

pronto hasta el tope,

pero éste no es la meta:

cada poro es la diana.

Golpea, roza, amasa,

con ímpetus y frenos,

con bríos y blanduras,

con mando siempre atento.

Y los cuerpos se mueven

mecánicos,

sincrónicos,

machihembrados,

soldados,

engarzados y unidos

en una sola máquina,

bombeando con ritmo

de reprís ascendente.

Y la máquina vibra,

y la presión aumenta,

y la fricción es máxima,

y la biela acelera,

y gritan las sirenas,

y rechina la máquina al límite cinético,

en su punto climático,

en su crítico grado de fusión explosiva.

Y al fin el "¡aaahhhhhhhh!" de Dánae,

femenil y terrible,

un dilatado aullido-gemido-llanto-grito,

sintiendo las mil cópulas dispersas de áurea lluvia,

un granizo candente de quemazón muy dulce,

de chispazos electros que la azotan por dentro…

Jadeos entre atletas de maratón sedente,

gritos de gladiadores que son vaina y espada…

Y el émbolo no para, animado de inercia,

sube-baja-golpea, sube-baja-golpeando.

Y un nuevo "¡aaahhhhhh!" de Dánae

avisa: "¡a toda máquina!".

Pero el hierro no aguanta

el fuego del averno,

y se funde el tricono soltando su oro blanco:

Y un "¡ohhh!" Zeus profiere,

murmurando el desfogue,

un "¡ohhh!" parco, medido,

más discreto y sereno,

mientras sigue a las riendas

de aquel vuelo supremo,

sujetando a su Dánae,

que ahora cae en picado

del volcán a sus mares,

y maldice y fulmina con mirar de Medusa,

pues quiere un "¡aaaaaaaaahhhhhhh...! eterno.

Príapo es ya Cupido,

y pierde magnitudes…

el vínculo decrece,

deviene la península en istmo adelgazado,

la dureza rampante se desploma domada,
y la carne, antes una, vuelve al dos tan frustrante,
a pesar del abrazo imbricado y con ósmosis
en un beso total, monomasa
de cuerpos hechos labios.

Los jadeos decrecen,
ahora son resoplidos
y suspiros conscientes.
Los cuerpos superpuestos
se resbalan,
separan,
pegajosos,
mojados,
dicen "¡ay!" resignados,
anhelantes,
nostálgicos.
Y hablan, ya no gritan.
Sonríen recordando.

Calmados, no colmados.

Contentos, mas no ebrios.

Radiantes, mas no dioses.

N. de A.:

Poema perteneciente a la novela *Veinte años*.
Torre de Lis, 2021.
ISBN: 978-84-122970-7-2.

LAMENTO DE LA JOVEN VIUDA

¿Dónde estás, mi otro par, que medio viva vago
en esta extraña muerte sin sosiego y sin frío?

Una sed inaudita tu sal quiere que lama
y una rara ceguera me hace verte sin tregua.

Desde que te ocultaste y no te oigo llamarme
he de imitar tu voz para llegar al éxtasis.

Me seco, enredadera, sin aferrarme a tu árbol,
y en mi lago de cueva me ahogo sin tu nado.

Me duele esta oquedad de cóncavos vacíos.
Mi coma necesita tu blanco *shock* de rayo.

Me sobra la mitad de esta pesada nada.

Me falta la mitad de la verdad de todo.

TE AMARÉ SIEMPRE...
SI OTRA NO LO REMEDIA

Te amo,

Te amo demasiado,

demasiado intenso,

demasiado ansioso,

demasiado a menudo y a deshoras.

Te amo, me temo, más de lo que quisiera

para mi propio gusto, orgullo.

Te amo con esa desmesura

de la sobredosis.

Y tú lo sabes bien

y estás muy a gusto en el papel de droga.

Por eso,

si un día me sorprendes por ahí con otra,

es precisamente

porque te amo, amor, con desatino,

hasta tener que desamarte ya,

hasta tener que hallar otra mujer

que me rapte del tiempo,

como tú haces;

que me vuelva loco

como tú me vuelves;

que me haga cambiar de religión

como tú has hecho;

que me embelese tanto como tú

y me haga inmune a tu letal embrujo.

Eres consciente de tu poderío,

así que no finjas tristeza

si me sigues y por "casualidad" descubres

a una mujer dándose el lote con este gilipollas

en un banco, sin ir más lejos, de El Retiro.

Has de tomarlo bien, incluso como halago

si avistas de reojo en mi teléfono

una llamada a hora intempestiva

de una tal Uma o Linda o Brenda.

Debes saber que, si hay un romance paralelo,

es sólo una artimaña para huir de la encerrona

que me han tendido tus encantos.

Te quiero

muy por encima de lo recomendado

por la OMS y el Estoicismo,

y, porque me he jugado todo mi equilibrio

a tu exclusiva carta,

y porque no es viable

ni es sostenible nuestro amor

(y de hecho nadie apuesta a que lo nuestro

pueda llegar al lustro),

por eso ha de ser otra quien desde ahora me provoque

el tic de que me ajuste a cada poco la corbata

y suelte frases ingeniosas como un Oscar Wilde,

y vuelva al *gym* a pelear con mis abdominales.

Te quiero, y de sobra conoces tu ventaja.

Así que, cuando nos descubras,

cuando sepas que ella se llama por ejemplo Dunia

y que en su boca está mi nombre a todas horas,

eso mismo ha de confirmarte tus encantos,

pues nunca has de olvidar que ella es *la otra*,

es el antídoto de ti,

y ella no tiene otra razón de ser

que procurarme inmunidad a tus hechizos.

Te quiero tanto

con ese encoñamiento

tan retorcido y propio de una película japonesa,

tan abrumador,

y tan desordenado

que hay que llamarlo al orden

y, de eso, de poner un poco de orden y mesura,

está encargada la mujer que obtenga tu relevo,

es decir, tu cetro.

Te quiero

con un amor que ya rebasa la locura,

a la locura que es el propio amor,

con un amor entre los polos

de Sade y de la Mística,

con un amor que es todo un reto

a la moderna psiquiatría de parejas.

Y por eso has de tener en cuenta

que aunque en mi vida haya una cara nueva

y un nombre fresco de mujer

con que, en defensa propia, intente obsesionarme,

lo cierto es que esa otra señorita (o bien señora)

no existiría si yo no te quisiera a ti exageradamente,

con un amor en contra de mi supervivencia.

Te quiero,

bien los sabes y lo vienes explotando,

así que, cuanto más divina sea "la próxima",

más culta, con más clase y más encantadora,

de nombre más sensual (como Scarlett o Agatha),

más rica (como 20 millones),

tanto más se debiera acrecentar tu ego.

Y, si a pesar de todo, sientes las ganas de llamarme
   "cerdo",

recuerda que ella sólo es quien es:

la chica de mi plan B,

la afortunada pero contingente dama

que ha de servir para que yo te olvide.

Te quiero,

bastante más de lo previsto,

te quiero con desasosiego

te quiero con insomnio y con estrés,

de modo que no dramatices

si un día me descubres por ahí con una extraña

paseando de la mano

o conversando

con esa escucha absorta propia de los inicios.

Por el contrario, has de sentirte ufana

si la mujer con quien te ponga cuernos
es un pibón que hace frenar a los aviones
pues toma el sol desnuda en su azotea
mientras lee en alemán a Schopenhauer.
¡Qué menos que ellas, siendo tú lo que eres!
Ya puedes ver que no te engaño con cualquiera
y por lo tanto estoy loquito por tus huesos.

Duda de mi cordura, de mi prudencia,
pero no has de dudar
de que te amo demasiado
como para salir indemne de tu yugo.
Por eso,
Si un día descubrieses en mi secreter
una cajita de Cartier
lo suficiente chica como para contener
una alianza de brillantes:
no lo dudes, te quiero;
y tanto,

que es obligado para darte a ti esquinazo

que me case con otra,

la que me harte de sexo

y de sus exquisiteces culinarias.

Te quiero,

con tal desbordamiento,

con tal incontinencia,

con tanta hipérbole,

con tanto riesgo de mi alma,

que no te quiero querer más.

y he de acudir a una sustituta (¡qué más quisiera!).

Ayer fue Maggie, hoy me ha llamado Laura,

mañana creo que lo intentaré con Clara-Eugenia.

Clarita Eugenia es noble,

tiene una finca con caballos pura sangre y una yegua,

y es francamente hermosa (la yegua no: Clara-Eugenia).

Creo que voy a contratar un *coach* de sexo tántrico,

pues necesito ejercitar el no pensar en ti

cuando estoy en la cama con tanta Miss América,

en el momento en que me besan,

me (lo) acarician,

y con candor y ardor me piden

mirándome a los ojos

matrimonio.

Y, entonces, ¡se me va todo al garete!:

Ellas: Laura, Scarlet, Uma… todas,

deben de vérmelo en los ojos:

en uno se ven ellas

y en el otro estás tú, siempre estás tú.

Y se me espantan,

huyen por ti,

siempre por ti,

por ser *the top*.

Así que ya sabes cuánto te amo:

más de lo que debiera,

más de lo que el Budismo y la Mayo Clinic aconsejan.

Por cierto: te queda superbién la lencería que te he

                                        regalado.

Y, volviendo al asunto,

recuérdame

que un día de estos tenemos que dejarlo,

pero no antes de este sábado.

No, no me he olvidé, bobita,

de que este sábado es nuestro aniversario.

Y tengo ya el regalo.

Y cenaremos en el Ritz.

Y te diré que te amo, a cada poco.

Te amo, sí, a ti, a quién va a ser.

Te amo y siempre te amaré… si otra no lo remedia.

EL NOMBRE DE MI PRIMER AMOR

Es extraño e injusto, ya lo sé,
que en mi vida haya nombres de mujer
del todo irreprochables
en dulzura y bondad (siendo mis ángeles),
en belleza (esto dicho por mis musas),
en lealtad (la de mis compañeras);
y sin embargo, no es ninguno de sus nombres
el nombre de mi vida,
sino que aquel gran nombre es
el nombre de una niña.
Un nombre por pudor siempre ocultado,
que no conté ni a mi mejor amigo,
que no pudo arrancarme ni mi psicoanalista.
Un nombre que aún me causa
conmoción y aturdimiento,

que provoca oleajes y turbulencias íntimos

en la región donde se une el ama con el cuerpo.

Un simple nombre diminuto,

cuyo apellido ni siquiera ya recuerdo,

y que responde a un rostro

también desdibujado por el tiempo:

el rostro de una niña.

¡Es sólo el nombre de una niña!,

pero este nombre

es el más dulce vocativo,

un nombre mágico que evoca si lo invoco

un placer inefable

de ansiedad y rubor primaverales,

de vértigos y ahogos que estallan en mi estómago.

El nombre inaugural que repetí con obsesión mil veces

en mi primer insomnio.

Lo cierto es que todo hombre,

aún el más vacuo y promiscuo,

tiene en su historia

un sólo nombre de mujer grabado a fuego,

y que los otros nombres son,

sencillamente,

algunos otros nombres de mujer

puestos por la Naturaleza

para la subsistencia de la especie,

con toda mezquindad y todo el cálculo,

sin ninguna poesía,

sin magia ni albedrío,

nombres de conveniencia todos.

Dicen que en el momento de morir

vemos pasar, en éxtasis, los hitos vivenciales,

las caras y los nombres

de los que fueron algo en nuestra biografía.

Y aquí, sin duda yo declaro:

Cuando llegue la hora de mi examen,

no temeré la muerte

si me veo otra vez, niño, junto a ella
en el patio de casa o del colegio.
No temeré
si oigo su voz en cándidas canciones
y huelo la pureza de su pelo.
No temeré
si su mirada limpia me amanece,
si siento sus manitas como un beso.
No temeré
si en la ceguera clara puedo otra vez leer
su blanco nombre escrito en tiza blanca.

POETA

Poeta,

te debemos los himnos

que hacen marchar al héroe,

los salmos que conjuran

nuestro miedo a la nada.

Te llamamos poeta

por cobrar territorios a los fangos

y plantar nuevos nombres de la rosa;

porque llenas el aire

de carne en turbulencia

cuando hablas del amor

con voces rojas.

Poeta,

así te llamas,

si hermanas lo alejado con el símil

y haces besarse a las palabras en las rimas;

si juntas con tu magia verbo y ritmo

y en liras de otros labios tu voz brota;

Poeta,

Así te llamas

si tus chispas incendian nuestras almas,

si haces volar a quien no es pájaro

y llorar a quien se heló en su bronce y mármol.

Te llamamos poeta,

pues creas algo eterno con tu vida,

y tú te vuelves inmortal, por tanto.

CITA EN OTOÑO

Otoño.

El sol se desvanece.

Las hojas son las aves.

La brisa anuncia el agua.

El agua huele a tierra.

Leve lluvia templada.

Alguien silba *La lluvia.*

Recuerdos de París.

Adoquines mojados.

Bullicio de estudiantes.

Libros que incuban senos.

La tarde dulce, amable.

El parque ocre e íntimo.

Bancos llenos de nombres.

Troncos llenos de fechas.

¡Agridulce nostalgia…!

Miro el reloj: es la hora.

Cita con la mujer del tren.

Me trae el libro prestado.

(Labios rojos, perfectos,

ojos grandes, dorados.)

"Su libro…. ¡Oh, su libro…!"

Andamos.

Nos tratamos de tú.

Hablamos de la velocidad

del tren… y de la vida.

Confesamos poetas predilectos,

idiomas, profesiones,

vocaciones frustradas,

ciudades y canciones.

Hablamos con rara confianza

de nuestros hijos,

del futuro.

de que si hubiese un "Más Allá",

no estaría mal,

pero que espere

y que se alargue el "más acá":

exactamente donde ambos estamos.

Esto lo digo yo, pero ella ríe,

y con su risa de "arco iris"

lo refrenda.

Ahora nos apetece

un banco solitario.

Nos sentamos.

Me recita mis versos,

los que más la han "tocado".

Es un sensual misterio

que recite mi verbo.

Le digo que me halaga,

y callo lo que siento:

que mis versos me lleguen

 humedecidos con su aliento.

Ahora, la mujer saca del bolso algo.

¿Bombones? No. ¡Aún mejor!:

un libro, de poemas.

Y el libro

es el mejor posible:

uno de su autoría:

¡Se desnuda por tanto!;

pues, además,

son versos manuscritos,

los ideales para mi fetichismo blanco.

"Los últimos", aclara,

se los confío,

no tengo copia".

Y yo agradezco:

"es un honor, mil gracias",

y le prometo custodiarlos.

Nueva cita aceptada
con la mujer madura
ansiosa del dictamen
que me ruega "sincero",
como si su atractivo
fuese a ablandar mi juicio…
Y yo, asiento y disimulo
lo que pienso y ansío:
leerlo, estar a solas,
a solas con su alma y con su seso,
reandando con mis pasos
las huellas de sus versos,
llenando sus palabras
ahora con mi aliento.

Al fin, miramos el reloj:
es la hora improrrogable,
que los dos lamentamos.
Últimos rayos de sus ojos

Nos despedimos.

Besos en las mejillas.

Y, lentamente,

nos vamos alejando, pero…

Nos volvemos al tiempo

en la necesidad o en el capricho

de una nueva sonrisa,

de un nuevo adiós

y de lanzar al aire

un nuevo beso.

Al poco, estoy silbando,

inopinadamente,

una canción muy tonta y vieja:

la última vez que la silbé…,

sólo recuerdo que era joven.

Tengo el libro, lo palpo.

Soy consciente

de mi felicidad tangible.

Sonrío.

Si fuera un musical de ese Gene Kelly

haría claqué en el charco.

Suspiro: "hoy soy feliz".

Me llevo su palabra

y el perfume que aún impregna el tomo.

Huelo y leo, y exclamo:

¡Plenitud del Otoño!

APUNTE DEL NATURAL

¡Qué difícil será
conseguir tu retrato!
Si pudiese plasmar
la música de tu alma,
el calor de tu piel
cuando te ruborizas,
congelar en un trazo
tu risa de abanico,
leer los pensamientos
que delatan tus ojos,
traducir el discurso
de tus manos facundas,
o expresar el altruismo
que contienen tus senos!

Aún no he terminado
este boceto tuyo,
y sé que he de romperlo.
Sé que habrá más bocetos,
y te pido paciencia.
Serán, quizás, precisos
muchos meses, o años,
tantos como los días
de mi vida, no menos
hasta hallar la sapiencia
que requiero, mereces.

Temo que al fin te canses,
que sopeses el tiempo,
sientas la incongruencia
de la vida invivida
que te escatimo —¡tonto!—
por inmortalizarte.
Temo que te levantes,
te excuses: "carpe diem",

que se vayan tus nardos,
tus corales, tus perlas,
que se vayan tus oros,
tus zafiros helados.

Y por temor vacilo,
me cuestiono, me engaño:
"¿Y si al margen de ti
fuese vano todo Arte,
porque tú fueras ya
la obra insuperable?".

Te miro y no lo dudo.
Al fin se me revela.
Rompo el lápiz. Me asombro.
Te saludo: "¡Oh, mi Venus!"...
Y juego a ser tu Adonis.

N. de A.:
Poema perteneciente a la novela *Veinte años*.
Torre de Lis, 2021.
ISBN: 978-84-122970-7-2.

"IRIS" TE LLAMO

Carta a Greta Garbo de su "Venus Negra" *

"Iris" te llamo, Greta,
porque hueles
a talco suave,
como huele el amor
que aún crepita
en nuestra almohada.

Te llamo "Iris",
pues esa flor azul
que al día muestras
no iguala, con ser bella,

---

* N. de A.: IRIS: Iris germánica o lirio azul es una flor
elegante y emblemática, de cuya raíz blanca se extrae el
característico aroma empolvado y cremoso de perfumes,
maquillajes y barritas labiales.

a las sublimidades níveas
que ocultas en la tierra,
cual una noche negra y blanca
en nuestra alcoba.

"Iris" te llamo, Greta,
pues, cuando me hablas,
me haces llegar la brisa de tu alma;
pues tu cuerpo,
de mármol blanco y blando
huele a guirnalda
de doncella nórdica.
Te llamo "Iris", pues,
cuando te mueves
con ese paso en vuelo,
me llega el aura
tierna y fresca
de unos pétalos.

Te llamo "Iris"

porque tu cara huele
a maquillaje
y a ese rubor en polvo
con que tu bella cara
polinizas.
Te llamo "Iris",
pues tus besos
saben a *rouge*:
tan cierto, que
si estoy a falta de ellos,
unto mi boca y la perfilo,
morosa y recreada,
con el carmín cremoso
de tu carne trasmutada.

Iris te llamo
pues, de tierra afuera,
ofreces tu hermosura a los varones;
mas, bajo el suelo,

en el silencio hondo de la noche,
es a mí,
a tu humilde "Venus negra",
a quien le brindas tus jadeos;
y tus rizomas albos se te mojan
cuando mi amor los riega en desenfreno.
Te llamo "Iris",
pues el suspiro que tu boca exhala
y pone fin a una noche desvelada,
huele a la bruma de la luna
y al rocío y verdor
de madrugada.

"Iris" te llamo,
Jugando a las espías,
para que nadie nos delate
como a las nuevas brujas;
para que los censores
no roben nuestras cartas

de mi buhardilla en Harlem

a tu Walhala en California.

Te llamo "Iris",

callándome el idóneo apelativo

que blanca y rubia te describe,

para que los sabuesos

no nos cacen

desnudas e indefensas.

Te llamo "Iris",

escatimando la belleza

de tu nombre sueco,

para que los señores

de capirotes blancos

no nos maten

por el triple delito

de amarnos rica y pobre,

blanca y negra,

ella y ella.

VERSOS REVELADOS

(Las musas inspiran; las diosas revelan.)

¿Y si mi espejo
fuese tu camafeo,
y al salir de mi mundo
entro en tu Reino?

R. L.

FOTOPOEMA

CREO-QUIERO

Oración místico-cartesiana

Sólo pido, Señor, que de verdad existas,

más allá de mi anhelo de que seas,

pues si Tú eres, Señor, yo por tanto existo,

y mi vida no es muerte a cada instante,

y si caigo, desciendo hacia el gran salto,

y si sufro, es un sueño que tendrá fin al alba.

Sólo pido, Señor, que Tú también existas,

aunque no te aparezcas, ni me hables,

ni mi mano tu herida verifique.

Porque, si no, no importa lo que crea,

y mi rezo no es nada más que aire,

y yo mismo soy aire inverosímil

en vez de ser tu soplo concretado.

Ojalá que Tú existas, y yo contigo un poco,

pues quiero ser tu chispa, y no mero chispazo

devenido del choque azaroso de estrellas;

pues quiero ser el hijo deseado de un padre

y no engendro que mira y a nadie se parece.

Ojalá que la niebla de la duda levante

con la luz meridiana de tu sol imponente

y tu voz aniquile el silencio y la nada.

Ojalá que aterrices de nuevo y yo me eleve.

Así sea, Señor, que desde siempre existas,

lo quiero y lo requiero para seguir viviendo.

Y a la diosa Razón que te ha negado a priori,

la conmino a que sirva al Único Omnisciente,

y entonces -cual Descartes- no te descarto ahora,

y cogito argumentos que te demuestran antes:

"Igual que quise el agua el primer de mis días,

y el agua ya existía, y yo también era agua,

así te necesito, mas yo no te he inventado,

y Tú antes de mí estabas, y yo de Ti provengo"
digo en mi noche cuando al buscarte no te hallo,
y temo ser yo mismo solamente una sombra.
Creo-quiero, Señor, que indubitablemente existas,
y quizás no te vea -hallo reflexionando-
porque seas tan grande y te tenga tan cerca,
porque yo sea un granito pegado a ti, Gran Hito,
como una cría aún ciega que amamanta su madre;
quizás yo no te vea porque me estás mirando
con la luz de tus ojos cegándome los míos;
quizás yo no te vea porque estoy ya en tu seno
que lo comprende todo, aunque yo no comprenda.

TAL VEZ...

Tal vez hayas venido a mí como una estrella
para que yo mirase al cielo que iluminas.
Tal vez se reveló tu fascinante vida
por que la mía el mero censo trascendiera.
Tal vez eras la musa al tiempo que poetisa
para cambiar mi invierno por tu primavera.

Tal vez fuiste ante mí
tan buena y bella
para que te quisiera;
tan sabia y genia
para que te creyera;
tan fiel y honesta
para que te siguiera.

Digo "Tal vez", y no es por duda, sino miedo

a ese final que pone siempre la certeza,

y no quiero saber si fue un beso de amigo o fue de

amante.

Digo "tal vez" por no cambiar de historia y de heroína,

digo "tal vez" por no cerrar tu libro hasta otro día

y continuar insomne hasta morir pensándote.

RETRATO DE ANA SOCORRO

Estás aquí
parando mi reloj,
pues vivo en tu novela mágica.
Estás aquí
estimulando con tu don
mi asombro,
multiplicando
mis vocativos con tu nombre.
Estás aquí,
justificando
cada uno de mis pasos
en mi noche,
hasta el encuentro
con tu epifanía.
Estás aquí

en mi día,

que con tu aura lo iluminas,

y con tu levitar de bailarina,

y con tu voz de crema y plata,

y con ese gorjeo de tu risa.

Estás aquí

pero ahora lejos, sola,

tumbada en un duro sofá

que hace de cama,

cual suelo pedregoso de acampada

en tu peregrinaje por la Tierra,

Estás dormida

abrazada a tu Biblia, oro y roja,

para enfrentar la noche

con un salmo,

para afrontar la aurora

con la señal que envían

pasajes al azar de Su palabra.

Estás ahora aquí,

venida

dos mil años atrás

(y una hora menos en Canarias),

Enviada desde un tiempo detenido

como la edad de tu divino cutis

y la de tu alma, blanca,

que prístina preservas

desde niña.

Estás aquí,

en la buhardilla de tu encierro,

tumbada en el cheslón,

mirando la pantalla muda y negra

de una televisión estropeada

que te refleja

como a la "Venus de los Evangelios".

Estás aquí,

mirando al techo,
jugando a adivinar Pasapalabras
de estrellas y de lunas
en la pizarra líquida
de la claraboya.

Estás aquí, día tras día,
con los estigmas que te van saliendo,
por sus ataques a tu fe,
con tus insomnios por sus ruidos,
mirando al Cielo
y al Arcángel de la espada
que te miran también
y te protegen.

Estás aquí,
a punto de partir muy lejos,
metiendo en la maleta
la plancha de tu largo y rubio pelo,

los vestidos low cost,

tu bata en blanca seda,

los hijos de tu pluma,

los títulos y orlas de tus sueños.

Estás aquí

rezando un Padre Nuestro,

pidiendo inspiración antes del viaje,

con tu pesado bolso lleno

de nuevas llaves,

de tus pinturas y la Biblia,

y el billete de un tren sin despedida.

Estás aquí

pero ahora a punto de marchar

a otra estación de tu Misión,

los ojos verde y rojo de llorar,

aunque sin queja y con perdón.

Estás aquí

a punto de salir por esa puerta

y apenas puedes con la carga

de espiritualidad,

de tanta luz,

de tanta gracia,

más los quilates y el peso no menor

de tu belleza.

YO QUISE A UNA MUJER

Yo quise a una mujer
y tal vez aún la quiero:
a la que me escribía,
a la que me ignoraba;
a veces era Venus,
a veces era santa.
Yo quise a una mujer,
quizás por ella muero.

Yo quise a una mujer
y tal vez aún la quiero:
a la mujer de fuego,
a la mujer de hielo;
su voz era la música,
la nada su silencio.

Yo quise a esa mujer
y tal vez aún la beso.

Yo quise a una mujer
y tal vez aún la quiero:
la mujer que se gusta,
y la de los complejos
(la del espejo malo,
la del espejo bueno).
Yo quise a esa mujer,
y tal vez aún la sueño.

Yo quise a una mujer
y tal vez aún la quiero,
a la mujer de llantos
y a la que se reía;
a la mujer serena,
a la mujer de ira.
Yo quise a esa mujer,
quizás aún la pretendo.

Yo quise a una mujer
y tal vez aún la quiero
a la mujer de insomnios,
a la mujer de sueños;
la mujer de caprichos
y la de desapegos.
Yo quise a esa mujer,
Quizás la echo de menos.

Yo quise a esa mujer,
y tal vez aún la quiero,
"la quiero… no la quiero…"
(juego como ella juega);
la mujer de mi gozo,
la mujer de mi pena.
Yo quise a esa mujer,
Y quizás aún la espero.

LLORO

Lloras,
y por amor
yo también lloro.

Lloro
cuando me cuentas
las cosas bellas y aterradoras
del pasado.
Lloro
si en tu futuro ya no estoy.
Lloro
si en tu presente
tan sólo soy la mano que acaricia tu pelo.

Lloro
cuando me dices que has tachado
los besos de mis cartas.

Lloro
si has desandado los paseos
y cortado por mitad
todas las fotos nuestras de la mano.

Lloro
al ver nuestro deseo censurado
con palabras ambiguas.

Y sobre todo lloro
cuando me robas el tesoro de esos días
diciendo que fue un sueño, sólo un sueño:
el sueño de una noche de verano.

AMAR PROMETO

Prometo amarte sin temor
a amarte demasiado.
Prometo amarte aunque me digas
que yo me enamoré primero.
Prometo amarte sin dejar
de estar enamorado.
Prometo amarte siempre
y, tras vivir amando,
prometo que me moriré
en nuestro amor pensando.

Pero no te prometo
que si tu amor se apaga
mi amor luzca por dos.
No te prometo que,

si de mi amor reniegas,

siga llamando "amor" a tanto amor.

No te prometo

que, si en amarme enmudecieras,

mi amor te enseñe la palabra "amor".

Hoy te amo y,

mientras sienta yo la brisa de tu amar,

mi amor será huracán.

Hoy te amo y,

mientras vea la chispa de tu amor,

mi amor será volcán.

Pero la nada de amarte por amar,

eso no lo prometo,

eso no lo tendrás.

PENSANDO EN NUESTRA DESPEDIDA

Te quiero tanto,

que he de prever el día en que te vayas.

No quiero que tu ausencia

me mate de repente.

Por eso es conveniente organizar

una bonita despedida

digna de nuestros mejores días,

un abismo a la altura

de nuestro amor cimero.

Te quiero tanto,

tan sin cordura, ni límites, ni freno,

que he de pensar en tu eventual partida.

Hemos de ir ensayando

una simulación de la separación temida,

para ir haciendo callo

con anestesias y vacunas

y una hemorragia de lagrimones dulces.

Hemos de ir pensando seriamente

en una despedida cordial,

con entrega de premios,

con agradecimientos mutuos

y cumplidos del tipo:

"sé que no he de encontrar a nadie que te iguale",

con mentiras piadosas como

"Lo cierto es que yo, amor, no te merezco".

Hay que acordar quién hablará primero,

quién tendrá el dudoso honor

de proferir la última palabra,

quién el turno final para su llanto.

Hay que pensar muy bien

esa declaración postrera,

pues, me temo, que no ha de valer cualquier palabra:

hay que buscar la voz aún no usada,

la palabra preciosa,

y no es fácil,

pues nos queremos tanto,

que todas las palabras sobran,

que todas las palabras faltan.

Hemos de hallar el matiz de esa despedida

que ha de ser, ante todo,

una declaración muy suave y tierna,

más aún que el terciopelo de tus labios;

una despedida en nada pusilánime,

pero tampoco ha de ser precipitada,

no una huida,

ni un desplante,

no un abandono,

y por supuesto no ha de extenderse mucho,

como se extiende hoy, caricia tras caricia,

nuestro encuentro de amor interminable.

Hay que hallar bien el tono para esa despedida,

pues no debe resultar nunca un castigo,

ni una pena por venganza familiar

de Capuletos y Montescos,

sino más bien

un dolor inaceptable e inverosímil

que toca compartir a dúo,

como un aborto, como la muerte de un hijo...

Tú yo, amor mío, nos queremos tanto,

tan sin cordura, ni límites, ni freno,

que sólo de pensar en nuestra despedida,

nos volvemos dos niños balbucientes

que apenas saben la palabra "¡no!"

y lloran, se enfurecen y se aferran.

Hay que ir pensando, amor, en esa despedida,

no quiera sorprendernos nuestro "adiós"

en un callejón oscuro e inmundo,

como inmunda y oscura sería nuestra pena.

Hay que pensar muy seriamente

en esa despedida en que nos vamos

cada uno a un punto cardinal,

a las antípodas del roce y del cariño.

Hay que pensar en ese día,

en esa despedida que nos merecemos

a la medida de tanto y tan valioso compartido.

Y, aunque quizás no nos vayamos nunca,

hay que tener previsto y muy presente,

cuál será nuestro traidor último beso,

nuestros falaces "¡buenos días!",

y nuestro cínico "¡feliz sueño!".

Hay que pensar en ese día

en que lo nuestro acabe formalmente,

sería conveniente

ir espaciando nuestras citas,

ir restando pasión a nuestros besos,

ir rebajando fuerza a nuestro abrazo:

ir, en definitiva,

dejándonos de amar un poco cada día.

No es muy romántico, lo sé:

pero ese día puede ser tan duro,

sin nuestra magia la vida tan tediosa,

que no nos queda a los dos otra salida

que dejarnos la vida en ensayar la muerte

de nuestra despedida.

ADIÓS, ADIOSA, ADIÓS

Te fuiste.

Te he perdido.

Eres ya lo imposible.

Debí elegir

el disfrutar tu percentil de genia,

y no palpar el coeficiente áureo

de tus curvas.

Debió saciarme

tu aliento figurado de rapsoda

y no aspirar el adictivo olor

de tu belleza.

Hube de conformarme

con verte sobre escena,

divina bailarina,

a disfrutar en bailes de salón

tus roces y tuteos.

Debiste ser un bello trampantojo

y no fruta ni fuente que calmaran

mi desasosiego.

Te fuiste.

Todo se terminó.

Al entrar en la casa se constata

la pérdida:

ha huido tu perfume,

tu nombre no responde,

tus ecos y tus sombras se agotaron.

Tu almohada yace

sin la funda de seda a juego con tu piel,

y una basura sin sacar contiene

rastros de tu pasado:

nueces añejas por tu indiferencia;

una botella de champán frustrado;

fresas agonizando sin tus labios;

un par de pantis carne, inertes sin tu carne;

y el epítome

de un clínex con lágrimas y rímel.

No estás.

Nadie tras esa puerta.

Me asola tu abandono.

No quiero ventilar

porque es tu falta la que ahoga.

Todo está enmudecido,

todo menos esta quietud que clama.

Hoy, al marcharte, te lo has llevado todo,

y sin tus "buenos días" cada jornada está maldita,

y sin tus pasos esto es inhabitable,

y sin tu risa el ruido de la vida espanta.

No estás.

Eres ya lo irreal.

Hoy me ha nacido muerto el sol

y de tu cuarto no quiere irse la pena.
Tu ausencia
cala mis huesos en un goteo helado;
cada segundo
es un disparo al corazón.
Sin tu locura mi razón está extraviada,
y nada aquí puede disimular su muerte
si hasta tus siemprevivas se suicidan.

No estás.
He de gastar tu último fotograma
para imaginarte.
Eres lo más incierto.
Lloro otra vez
y me resigno
a esta pluscuamperfecta muerte
sin tu resurrección:
"Sin ti, es el fin sin fin".
Miro todo lo lejos y lo oscuro y lo vacío

que mi vista alcanza

hacia el punto de fuga de tu fuga,

y me despido con un adiós que entraña

un cumplido final:

"adiós, adiosa, adiós".

Nota del autor al poema *Retrato de Ana Socorro*

Haría falta mucho espacio y mucha elocuencia, de lo que precisamente carezco ahora, para describir cabalmente quién es Ana Socorro (Ana María Socorro Ramos), la persona, el personaje, la personalidad. Conocí a Ana Socorro el 23 de febrero de 2023. Hasta entonces no había pasado nada en mi vida... y desde entonces comenzó a pasarme todo. Podría hablar de ella como la artista más completa y perfecta del panorama escénico español (bailarina clásica, actriz y cantante), amén de genial dramaturga de sus propios textos. Pero si esta faceta humana suya es superlativa, y por tanto insoslayable, estaríamos obviando la faceta más extraordinaria y por tanto digna de reseña, ligada a su dimensión suprahumana, la de un ser de luz dotado con un don extraordinario, la de una Enviada, predestinada, designada o ungida para realizar una misión trascendental. De ello hablan los muchos sucesos sobrenaturales, de los cuales he sido testigo y de los que existen fotografías o registros sonoros, de los que yo mismo soy depositario; o las declaraciones solemnizadas ante notario conteniendo sus detalladas predicciones cumplidas una por una y constatadas en los medios, restando sólo una por cumplir, y a la que Ana Socorro espera con ansiedad y temor por sus devastadores efectos. Ambas facetas y naturalezas, disociadas según el esquema maniqueo y simplista de la mente humana, no admiten sin embargo en ella separación. Esto lo he podido comprobar desde ese primer encuentro en el que Ana Socorro me participó un proyecto sacro escénico, ilustrado con unos audios de escenas electrizantes de su propia ejecución como protagonista, y que causó en mí tal impacto intelectual y emocional, que arrancó mi adhesión a su propósito teatral; adhesión por la que días después experimenté un terrorífico ataque de naturaleza diabólica contra mi integridad y que guardaba relación directa, como supuse y Ana Socorro me confirmó en conversación telefónica, con el apoyo incondicional que le ofrecí: "A los que están conmigo les suceden cosas de este tipo".

A los continuos, cotidianos hechos inexplicables pero realmente vividos en su confidencia, como el referido ataque que sufrí, o el estigma en la perfecta forma de una cruz de Santiago (¡su parroquia!), emergida en su muñeca; o el terremoto de Marruecos (08/09/2023) de magnitud 6,9 en la escala Richter, que Ana Socorro había predicho ante notario, y renovado su temor ante allegados y amigos horas antes de producirse… a todo ello, hay que sumar la particular forma con que Ana Socorro se relaciona con el mundo, desde la encantadora prosodia de su voz o su movimiento elegante pero sin pavoneo alguno, irradiando luz y conteniendo, más que mostrando, la sensualidad y belleza que llamaban la atención de cuanto transeúnte se cruzaba a su paso. Todo ello me hizo sentir, en aquellos meses, que me hallaba en un tiempo disruptivo e irreal, testigo de acontecimientos excepcionalmente raros, unas veces duros y otra hermosos, o como digo en este mismo poema, el sentimiento de vivir "en su novela mágica".

En este momento, justo a un año de su encuentro beatífico (y del encontronazo con las fuerzas *del otro lado*), cuando ella ha continuado su peregrinaje, pasando al siguiente estadio en su particular *vía crucis*, todo en mi vida ha vuelto a la calma, es decir, a la monotonía más mundana y vulgar. Aunque he de confesar que siguen y seguirán resonando en mi recuerdo sus hechos, palabras, recomendaciones, gestos, ensayos de trazos actorales y coreográficos y otras manifestaciones de tu talento y de su don, que me revisitan sin que yo las quiera ni las pueda evitar. Yo, por mi parte, sigo ahora el modesto camino que me ha tocado por destino. Pero, como Ana Socorro ha influido y de forma determinante en mi biografía, la he creído merecedora de la dedicatoria de esa obra; un libro que no es cualquier libro en mi carrera, sino el más especial, por haber salido de un alma y tener por destino otra alma, como en definitiva es el origen y es el destino de toda Poesía.

Índice

Este libro se acabó de imprimir en
Madrid en la segunda mitad del mes
de mayo de 2024

VERSOS REVELADOS

ejemplar nº *66*   de 80